LECTURES CLE EN FRAN

Voyage au centre de la Terre

Jules Verne

Adapté en français facile
par Elyette Roussel

CLE
INTERNATIONAL

N° de projet : 10252220 - Dépôt légal : mai 2017

Imprimé en France en janvier 2019 par la Nouvelle Imprimerie Laballery - N° 8121'

(annotation: mille huit cent vingt-huit)

(annotation: naître → be born)

JULES VERNE naît le 8 février 1828 à Nantes, dans une famille bourgeoise. Il fait des études de droit *(annotation: law studies)* à Paris, mais bien vite il est attiré par la littérature. *(annotations: to be attracted — by — but soon)*

Il écrit pour le théâtre, pour l'opéra... étudie pour son plaisir les mathématiques, la physique, la *(annotation: many)* géographie, les sciences... écrit plusieurs romans et crée un genre nouveau : le roman scientifique d'anticipation.

En 1863, il publie *Cinq semaines en ballon*, le premier des cent un volumes des *Voyages extraordinaires dans les mondes connus et* *(annotation: known)* *inconnus* *(annotation: unknown)*

(annotation: thanks to his novels) Grâce à ses romans, Jules Verne nous fait *(annotation: makes us)* *(annotation: travel around the world)* voyager dans le monde entier. *Le Tour du monde en quatre-vingt jours, Les Enfants du capitaine Grant, Michel Strogoff, Mathias Sandorf...* *(annotation: take us on)* nous emmènent sur les différents continents.

Les aventures en mer sont les plus *(annotations: adventure — at — sea — more)* nombreuses : *L'Île mystérieuse, Un Capitaine* *(annotation: numerous)* *de quinze ans, Vingt mille lieues sous les mers..* *(annotations: 20 — mull — under the seas)*

Voyage au centre de la Terre, De la Terre à la lune... nous entraînent dans des mondes mystérieux et inaccessibles.

À travers tous ses romans, il nous fait partager sa passion de l'inconnu et de la découverte.
Il meurt en 1905.

***

Le XIXᵉ siècle est le siècle des grands romans et des grands romanciers. Jules Verne est le contemporain de Balzac, Alexandre Dumas père, Flaubert, Maupassant, Stendhal, Zola, Dickens, Tolstoï, Dostoïevski...

Dans la seconde moitié du XIXᵉ siècle, les sciences d'observation, la physique, l'histoire naturelle... sont très à la mode en France. Les Français, qui voient naître la radio, les rayons X, le cinéma, l'automobile..., aspirent à la connaissance à travers les faits. Cette tendance se retrouve également dans les romans qui deviennent plus réalistes. Jules Verne se sert des découvertes des savants de son époque et crée un nouveau genre littéraire : le roman scientifique d'anticipation. *Voyage au centre de la Terre* paraît en librairie en 1864.

Les mots ou expressions suivis d'un astérisque* dans le texte sont expliqués dans le Vocabulaire page 61.

CHAPITRE I

*M*ON ONCLE, le professeur Lidenbrock, vient de rentrer chez lui, au numéro 19 de Konigstrasse, qui est l'une des plus anciennes rues du vieux quartier de Hambourg.

– Déjà, M. Lidenbrock ! dit Marthe, la bonne[1], étonnée, en ouvrant la porte.

– Oui, Marthe ; mais le dîner a le droit de ne pas être cuit, car il est deux heures seulement.

Et le maître de maison, traversant la salle à manger, entre rapidement dans son bureau. Puis il m'appelle :

– Axel, viens !

Otto Lidenbrock est professeur de sciences et c'est un véritable savant. C'est un homme grand, maigre, blond et qui a une très bonne santé.

Mon oncle est riche. La maison est à lui. Sa nièce Grauben, une jeune fille de dix-sept ans, la bonne et moi-même habitons avec lui.

---

1. Bonne : personne qui fait le ménage et la cuisine dans une maison.

Je l'aide dans ses expériences et je dois reconnaître que j'aime beaucoup les sciences géologiques[1].

Je vais donc dans son bureau. Mon oncle est assis dans son fauteuil et il tient entre ses mains un livre qu'il regarde avec la plus profonde admiration.

– Quel livre ! Quel livre ! dit-il. Eh bien ! Tu ne vois donc pas, Axel ? Mais c'est un trésor inestimable[2] que je viens de trouver dans la boutique du juif Hevelius.

Je réponds avec un faux enthousiasme :

– Magnifique !

En effet, à quoi bon tout ce bruit pour un bouquin[3] jaunâtre ?

– Et quel est le titre de ce merveilleux volume ?

– Cet ouvrage, me répond mon oncle, c'est l'Heims-Kringla de Snorre Turleson, le célèbre auteur islandais du douzième siècle ! C'est la chronologie[4] des princes norvégiens[5] qui ont régné en Islande !

À ce moment-là, un parchemin[6] sale glisse du bouquin et tombe à terre.

---

1. Sciences géologiques : sciences qui étudient l'histoire de la Terre.
2. Inestimable : qui n'a pas de prix.
3 Bouquin : vieux livre.
4. Chronologie : classement par dates.
5. Norvégien : qui vient de Norvège.
6. Parchemin : document écrit sur un papier ancien.

– Qu'est-ce que c'est ? demande mon oncle.

Et, en même temps, il déplie soigneusement sur la table un morceau de papier sur lequel sont inscrits des caractères bizarres.

Le professeur considère cette série de caractères, puis il dit en enlevant ses lunettes :

– C'est du runique[1], mais... Qu'est-ce que cela peut bien signifier ?

À ce moment-là, la bonne Marthe ouvre la porte en disant :

– La soupe est servie.

– Au diable la soupe, crie mon oncle, et celle qui l'a faite et ceux qui la mangeront !

Marthe s'enfuit et je cours m'asseoir à ma place habituelle dans la salle à manger.

J'attends quelques instants mais le professeur ne vient pas. C'est la première fois qu'il manque au dîner. Et quel dîner, cependant !

J'en suis au dessert lorsque mon oncle m'appelle. Je vais aussitôt dans son bureau.

– C'est du runique, dit le professeur. Mais il y a un secret et je le découvrirai... Mets-toi là, ajoute-t-il en me montrant la table, et écris. Je vais te dicter chaque lettre de notre alphabet qui correspond à l'un de ces caractères islandais. Nous verrons ce que cela donnera.

---

1. Runique : écriture des pays du nord de l'Europe.

Et la dictée commence. À la fin, mon oncle prend la feuille sur laquelle je viens d'écrire et il la regarde longtemps avec attention. Il se parle à lui-même :

– Ces lettres sont mélangées, mais si je les mets dans le bon ordre, elles signifient forcément quelque chose.

Puis il prend le livre et le parchemin et les compare.

– Ces deux écritures ne sont pas de la même personne, dit-il. Ce papier est postérieur au livre. Peut-être que celui qui a écrit ce parchemin a mis son nom en quelque endroit.

Mon oncle enlève ses lunettes, prend une loupe[1] et regarde soigneusement les premières pages du livre. Sur la seconde page, il découvre une sorte de tache d'encre. Cependant, en regardant de près, on distingue quelques caractères à demi effacés. À l'aide de sa loupe, il finit par reconnaître les signes.

– Arne Saknussemm ! dit-il. C'est un nom islandais, celui d'un savant du seizième siècle. Et il a sûrement caché sous ces signes une surprenante invention. J'aurai le secret de ce document, et je ne prendrai ni nourriture

---

1. Loupe : instrument qui permet de voir les objets plus gros.

ni sommeil tant que je ne l'aurai pas deviné. Ni toi non plus, Axel !

– Heureusement que je viens de dîner copieusement[1] ! C'est ce que je pense.

– D'abord, il faut trouver la langue utilisée par ce Saknussemm. C'était un savant, donc, s'il n'écrivait pas dans sa langue maternelle, il devait choisir de préférence la langue utilisée par les savants du XVIe siècle : ceci est donc du latin. Regardons bien cette feuille.

Mon regard vient de se poser sur un portrait suspendu au mur, le portrait de Grauben. Nous sommes fiancés mais mon oncle ne le sait pas. Graüben est une charmante jeune fille blonde aux yeux bleus et je l'adore...

Mon oncle, frappant la table du poing, me ramène soudain à la réalité.

– Axel, écris la phrase que tu veux sur ce papier. Mais au lieu de disposer les lettres à la suite les unes des autres, mets-les successivement par colonnes verticales, de manière à les grouper en nombre de cinq ou de six.

Je comprends tout de suite et j'écris de haut en bas :

---

1. Copieusement : en grande quantité, beaucoup.

J m n e G e
e e , t r n
t ' b m i a !
a i a t u
i e p e b

    – Bon, dit le professeur sans lire.
Maintenant, dispose ces mots sur une ligne
horizontale.

J'obéis et j'obtiens la phrase suivante :

JmneGe ee, trn t'bmia ! aiatu iepeb

– Parfait ! dit mon oncle en m'arrachant le papier des mains. Pour lire la phrase que tu viens d'écrire et que je ne connais pas, je dois prendre successivement la première lettre de chaque mot, puis la deuxième, puis la troisième, ainsi de suite.

Et mon oncle, à son grand étonnement, et

– Hein ! fait le professeur. Ah, tu aimes Graüben ! Bon, faisons la même chose avec le document.

Oui, sans m'en douter, en amoureux maladroit, je viens d'écrire cette phrase compromettante[1]... Heureusement, mon oncle, qui ne pense qu'à son parchemin, a déjà oublié mes imprudentes paroles.

Il reprend le document et ses doigts tremblent. Il paraît sérieusement ému en me dictant une série de lettres qui forment des mots sans aucun sens apparent.

Moi aussi je suis ému, je l'avoue, et j'attends donc la traduction de ces mots.

– Ce n'est pas cela ! crie mon oncle en donnant un violent coup de poing sur la table, cela n'a pas de sens !

Puis, descendant l'escalier à toute vitesse, il sort de la maison et disparaît dans Konigstrasse.

---

1. Compromettante : qui peut mettre dans une situation difficile, qui peut donner des problèmes.

CHAPITRE II

*J*E RESTE seul dans le bureau de mon oncle. L'affaire du vieux document me préoccupe. Je me répète sans cesse :

– Qu'est-ce que cela signifie ?

Je cherche à grouper les lettres de manière à former des mots. Impossible. Je n'obtiens rien d'intelligible[1].

Les lettres semblent changer de place sur le papier. Je manque d'air. Machinalement, je m'évente[2] avec la feuille de papier et les deux côtés de la feuille se présentent successivement à mes regards et soudain, je crois voir apparaître des mots latins, entre autres *craterem,* et terrestre !

Une lueur se fait dans mon esprit, et je viens de découvrir la loi du chiffre. Le professeur avait raison et, sans hésiter, je prononce à haute voix la phrase entière.

---

1. Intelligible : qui peut être compris.
2. Je m'évente : je fais du vent (avec la feuille de papier) pour avoir moins chaud.

Mais quelle stupéfaction ! Quelle terreur[1] !
Quoi, un homme a eu assez de·courage pour
entrer !...

– Ah ! Mais non ! Mais non ! Mon oncle ne
le saura pas ! Il voudrait tenter un semblable
voyage ! Rien ne pourrait l'arrêter, et il m'em-
mènerait avec lui et nous ne reviendrions
jamais !

Je suis très excité. Il y a un peu de feu
dans la cheminée. Je suis sur le point de jeter
le parchemin dans le feu lorsque mon oncle
entre dans la pièce.

Il paraît profondément absorbé[2] et se met
à travailler sans parler, pendant trois longues
heures. Il refuse de souper et moi, je m'endors.

Lorsque je me réveille, le lendemain matin,
il est encore au travail. Il a le visage pâle et
les yeux rouges. Il me fait pitié mais je ne
veux rien dire.

– Non, non, je ne parlerai pas ! Il voudrait
partir aussitôt, je le connais. Non, je garderai
le secret !

Le temps passe et cela devient insuppor-
table. Il est déjà deux heures et nous sommes
toujours enfermés dans le bureau. Finalement,

---

1. Terreur : peur violente.
2. Absorbé : occupé.

je décide de lui dire ce que j'ai découvert et je lui donne la feuille de papier sur laquelle j'ai écrit en lui disant :

– Mon oncle ! Tenez, voici la clef du document. Lisez !

– Cela ne signifie rien ! répond mon oncle.

– Rien si vous commencez par le commencement, mais si vous commencez par la fin...

Je n'ai pas le temps de terminer la phrase ; le professeur pousse un cri car il vient de comprendre ce que je veux dire.

Il regarde la feuille de papier avec attention et, la voix émue, il lit le document tout entier qui peut être traduit ainsi :

Descends dans le cratère* du Yocul de Sneffels que l'ombre[1] du Scartaris vient caresser avant juillet, voyageur courageux, et tu arriveras au centre de la Terre. Ce que j'ai fait. Arne Saknussemm.

– Quelle heure est-il ? demande mon oncle.

– Trois heures.

– Je meurs de faim. À table. Puis ensuite...

– Ensuite ?

– Ensuite, tu feras ma malle[2]. Et la tienne !

---

1. Ombre : zone sombre faite par un objet qui arrête la lumière.
2. Malle : grande valise.

Je sors pour faire une promenade et marcher le long du fleuve. Et, en me promenant, je rencontre ma petite Graüben.

– Axel ! Comme je suis contente de te rencontrer !

Puis, voyant mon air inquiet :

– Qu'as-tu donc ? dit-elle en me tendant la main.

Je la mets rapidement au courant de la situation. Elle garde le silence pendant quelques instants puis elle dit :

– Axel ! Ce sera là un beau voyage. Un voyage digne du neveu d'un savant.

– Quoi ! Grauben, cela ne te semble pas une folie ?

– Non, cher Axel, et si je pouvais, j'aimerais même vous accompagner.

Nous continuons notre chemin en nous tenant par la main. Et je pense qu'après tout, le mois de juillet est encore loin et d'ici là, bien des choses peuvent se passer et empêcher[1] le voyage de mon oncle.

Lorsque nous arrivons à la maison, il fait nuit. Mais mon oncle n'est pas couché. Il crie et s'agite au milieu d'un groupe de personnes qui apportent des marchandises devant la maison.

---

1. Empêcher : rendre impossible.

– Mais viens donc, Axel ; dépêche-toi ! crie-t-il en me voyant. Ta malle n'est pas faite, mes papiers ne sont pas en ordre et j'ai perdu la clef de mon sac de voyage.

Je suis stupéfait.

– Nous partons donc ?

– Oui, mon garçon, après-demain matin, à la première heure.

Je passe une nuit affreuse. Le lendemain, j'entre dans le bureau du professeur avec Graüben.

– Mon oncle, c'est bien décidé ? Nous partons ? Mais nous ne sommes que le 26 mai et jusqu'à la fin du mois de juin...

– Mais, ignorant[1], l'Islande est loin et, de Copenhague[2] à Reykjavick[3] il n'y a qu'un départ le 22 de chaque mois ; si nous attendons le 22 juin pour partir, nous arriverons trop tard pour voir l'ombre du Scartaris caresser le cratère du Sneffels ! Il faut donc arriver à Copenhague le plus vite possible et chercher ensuite un moyen de transport. Va faire ta malle !

Je remonte dans ma chambre pour préparer ma malle.

---

1. Ignorant : personne qui ne sait pas.
2. Copenhague : capitale du Danemark.
3. Reykjavick : petite ville de l'Islande, au sud-ouest de l'île, devenue plus tard la capitale du pays.

Pendant toute la journée, des marchands d'instruments de physique, d'armes, d'appareils électriques... viennent à la maison.

– Est-ce que monsieur est fou ? me demande la bonne Marthe.

– Je crois que oui.

– Et il vous emmène avec lui ?

– Oui.

– Où cela ?

J'indique du doigt le centre de la Terre.

– À la cave ? demande la vieille servante.

– Non, plus bas !

Le matin du départ pour Copenhague, je me réveille à cinq heures et je descends à la salle à manger. Mon oncle est à table. Graüben aussi. À cinq heures et demie, une grande voiture arrive ; elle va nous conduire à la gare. Je serre Graüben dans mes bras.

– Va, mon cher Axel, me dit-elle, tu quittes ta fiancée, mais tu trouveras ta femme au retour.

Puis la voiture part.

Nous PRENONS le train, puis le bateau et encore le train. Et nous arrivons enfin à Copenhague. Mon oncle a une lettre de recommandation[1] pour le professeur Thomson, le directeur du Musée des Antiquités du Nord.

Mon oncle lui dit que nous voulons visiter l'Islande et il nous aide à trouver un bateau pour Reykjavick. Le bateau ne doit partir que quelques jours plus tard et nous en profitons pour visiter la ville. Pendant nos promenades, un clocher assez élevé attire l'attention de mon oncle.

– Montons, dit mon oncle.

– Mais, le vertige[2] ?

– Justement, il faut s'y habituer, me répond mon oncle.

Un gardien nous donne la clef et nous commençons à monter. Lorsque j'arrive en

---

1. Lettre de recommandation : lettre qui présente quelqu'un en disant que c'est une personne importante, ou une bonne personne…
2. Vertige : peur que l'on a en regardant quelque chose en bas.

haut du clocher, la tête me tourne et j'ai mal au cœur. Mon oncle m'oblige à regarder, à me tenir droit, et ma première leçon contre le vertige dure une heure.

– Nous recommencerons demain, dit mon oncle en redescendant.

Je refais cet exercice pendant cinq jours et je dois dire que je fais des progrès.

La veille de notre départ, monsieur Thomson nous donne des lettres de recommandation pour le gouverneur[1] de l'Islande, pour le maire[2] de Reykjavick et pour l'évêque[3].

Le 2 juin, à six heures du matin, nous partons de Copenhague et, quelques jours plus tard, après un voyage sans problème, nous arrivons à Reykjavick. Et là, mon oncle me montre une haute montagne couverte de neige.

– Le Sneffels ! me dit-il.

Le gouverneur de l'île, Monsieur le baron Trampe, nous accueille, lit les lettres de Copenhague, et se met entièrement à notre disposition. Nous rencontrons aussi le maire et enfin Monsieur Fridriksson, professeur de

---

1. Gouverneur : personne qui gouverne le pays
2. Maire : personne qui dirige la ville.
3. Évêque : personne importante de l'Église catholique.

sciences naturelles, chez qui nous allons habiter pendant quelques jours.

– Monsieur Fridriksson, dit mon oncle, est-ce que vous possédez les ouvrages[1] anciens d'Arne Saknussemm ?

– Arne Saknussemm ! Vous voulez parler de ce savant du seizième siècle ? Non, nous ne les avons pas ! Ses ouvrages n'existent ni en Islande ni ailleurs parce que, en 1573, ils ont été brûlés à Copenhague.

– Tout s'explique, dit mon oncle, et je comprends pourquoi Saknussemm a été obligé de cacher sa découverte dans un papier secret...

– J'espère que vous n'allez pas quitter notre île sans visiter ses montagnes, ses glaciers[2] et ses volcans* qui sont peu connus. Voyez cette montagne qui s'élève au fond : c'est le Sneffels. C'est un volcan intéressant et on visite rarement son cratère...

– Eh bien, répond mon oncle, j'ai bien envie de commencer mes études par ce volcan. Il faudra un guide pour nous accompagner.

– Demain je vous présenterai un guide très bien. C'est un chasseur habile et vous serez content de lui.

---

1. Ouvrage : livre.
2. Glacier : neige transformée en glace. L'Islande est un pays qui a beaucoup de glaciers.

Le lendemain, nous faisons la connaissance du guide. C'est un Islandais de haute taille, fort, intelligent, tranquille et silencieux. Il s'appelle Hans Bjelke.

Le départ est fixé au 16 juin. Hans doit nous conduire jusqu'au pied du volcan. Avant le départ, nous préparons tout ce que nous devons emporter : des instruments scientifiques, des armes, des outils, de la nourriture, des médicaments...

Le jour du départ arrive enfin.

***

Le voyage se fait sans problème. Une fois arrivés au pied du volcan, la route devient plus difficile et il faut faire très attention pour ne pas tomber. Le sommet du Sneffels semble très près et pourtant, nous marchons de longues heures avant d'arriver ! Mon oncle est à côté de moi et m'aide. Enfin, à onze heures du soir, en pleine obscurité, nous arrivons au sommet du volcan et nous nous installons pour passer la nuit.

Le lendemain, j'admire le spectacle qui s'offre à mes yeux. Le cratère du Sneffels mesure une demi-lieue* de diamètre[1]. Il est

---

1. Diamètre : ligne droite qui partage un rond en deux parties égales.

facile d'imaginer le spectacle lorsqu'il est plein de bruits et de feu...

Nous reprenons la route et, enfin, nous arrivons. Il est midi.

Soudain, mon oncle pousse un cri.

– Axel ! Viens, viens vite ! Regarde !

Sur un rocher, il y a des caractères runiques, à moitié effacés par le temps.

– Arne Saknussemm ! dit mon oncle. Il n'y a plus de doute !

Au fond du cratère il y a trois cheminées*, trois routes possibles. Une seule a été suivie par le savant du seizième siècle ; on la reconnaîtra facilement car l'ombre du Scartaris doit indiquer le bord de la cheminée pendant les derniers jours de juin. C'est ce que dit le parchemin. Mais le lendemain, le ciel est gris et mon oncle est en colère car s'il n'y a pas de soleil, il n'y a pas d'ombre et donc pas d'indication. Nous sommes le 25 juin et si le soleil ne revient pas avant le 30 juin, il faudra refaire le voyage une autre année.

Le 26 et le 27, il neige. Mais le dimanche 28, le soleil fait son apparition et l'ombre du Scartaris commence à se dessiner doucement sur le bord de la cheminée du milieu.

– C'est là ! dit le professeur, c'est là ! En avant !

CHAPITRE IV

*L*E VÉRITABLE VOYAGE commence. Maintenant, les difficultés vont être plus fortes que la fatigue. Je m'approche de la cheminée du milieu pour voir le trou dans lequel je vais descendre et j'ai le vertige. Heureusement qu'une main me retient et m'empêche de tomber : celle de Hans.

Mon oncle déroule une corde[1] grosse comme le pouce et longue de quatre cents pieds. Il enroule une partie autour d'un rocher de lave* et jette l'autre moitié dans la cheminée. Maintenant nous pouvons descendre.

Hans réunit les paquets qui ne sont pas fragiles et les fait tomber dans la cheminée. Nous attachons les autres sur notre dos et la descente commence dans cet ordre : Hans, mon oncle et moi. Il est une heure.

Nous descendons pendant des heures et des heures. Toutes les demi-heures, nous

---

1. Corde : fil très gros qui sert pour attacher des objets.

nous arrêtons un quart d'heure pour nous reposer et il est presque onze heures lorsque mon oncle dit :

– Nous sommes arrivés au fond de la cheminée. Soupons maintenant puis dormons. Nous continuerons demain.

Nous nous réveillons à huit heures du matin et il y a assez de lumière pour voir ce qu'il y a autour de nous.

Le déjeuner terminé, mon oncle dit :

– Maintenant, nous allons entrer vraiment dans la partie la plus profonde de la Terre. Notre voyage au centre de la Terre commence véritablement.

Mon oncle et Hans portent tous les deux un appareil qui donne une assez vive lumière. Nous entrons dans une galerie[1] qui part du fond de la cheminée. Je consulte souvent la boussole[2] qui indique toujours la direction du sud-est. Le thermomètre[3] continue de marquer dix degrés et la chaleur n'augmente pas.

Le soir, vers huit heures, nous arrivons dans une sorte de caverne[4] et le professeur nous dit de nous arrêter. Hans s'assoit.

---

1. Galerie : couloir.
2. Boussole . objet qui sert à montrer le nord...
3. Thermomètre : objet qui sert à mesurer la température.
4. Caverne : chambre formée dans un grand rocher

– D'après mes observations, dit mon oncle, nous sommes arrivés à dix mille pieds* au-dessous du niveau de la mer.

– Est-ce possible ?

– Oui, ou alors les chiffres ne sont plus les chiffres.

Cependant, la température, qui devrait être de quatre-vingt-un degrés à cet endroit, est de quinze à peine.

Le lendemain, mardi 30 juin, nous continuons la descente. À midi dix-sept minutes, nous sommes au milieu d'un carrefour d'où partent deux autres routes, sombres et étroites. Laquelle devons-nous prendre ? Nous prenons la route de l'est. Nous marchons tout l'après-midi et, à six heures du soir, mon oncle nous ordonne de nous arrêter. Nous mangeons sans trop parler et nous nous endormons.

Le lendemain, mercredi, nous reprenons la route qui, au lieu de descendre, reste horizontale. Je le fais remarquer à mon oncle mais il préfère continuer.

– Si nous continuons, mon oncle, nous pouvons avoir un problème important.

– Lequel ?

– Le manque d'eau.

En effet, notre provision d'eau peut durer trois jours encore et nous avons peu de chance de trouver une source dans cet endroit.

Pendant trois jours nous marchons sans parler à peine. Et le samedi soir, à six heures, un mur se présente à nous. À droite, à gauche, en haut, en bas, il n'y a aucun passage.

– Eh bien, tant mieux ! dit mon oncle. Je sais au moins que nous ne sommes pas sur la route de Saknussemm. Maintenant, il faut revenir en arrière.

– Oui, je réponds, si nous en avons la force.

– Et pourquoi non ?

– Parce que, demain, nous n'aurons plus d'eau.

Le lendemain, le départ a lieu de grand matin. Nous sommes à cinq jours de marche du carrefour.

Le chemin de retour est long et difficile. Le deuxième jour, nous n'avons presque plus d'eau et nous marchons avec peine. Enfin, le mardi 8 juillet, nous arrivons à demi morts au carrefour. Je tombe sur le sol et je m'endors.

Au bout de quelque temps, mon oncle s'approche de moi et me soulève entre ses bras.

– Pauvre enfant ! dit-il.

Il prend la gourde qui est à côté de lui et il l'approche de ma bouche.

– Bois, me dit-il.

Et il la vide entre mes lèvres.

Cette eau vient apaiser mes lèvres en feu et me redonne vie.

– Merci, merci, mon oncle !

La descente recommence, cette fois par l'autre route. Je souffre beaucoup et nous n'avons pas d'eau. Il est huit heures du soir, mon oncle marche en avant. Soudain je pousse un cri et je tombe.

Mon oncle revient sur ses pas, me regarde et dit :

– Tout est fini !

Lorsque j'ouvre les yeux à nouveau, Hans et mon oncle dorment. Quelques heures passent. Il y a un silence impressionnant autour de nous. Soudain je crois entendre un bruit et il me semble voir l'Islandais qui disparaît, la lampe à la main. Est-ce que Hans nous abandonne ? Je veux crier pour réveiller mon oncle mais je ne peux pas.

CHAPITRE V

J'ENTENDS enfin un bruit de pas. Hans revient. Il s'approche de mon oncle et le réveille doucement. Mon oncle se lève et demande ce qui se passe.

– *Vatten* ! répond le guide.

Il faut croire que la douleur nous rend capable de comprendre toutes les langues car je crie :

– De l'eau ! De l'eau !

Nous repartons aussitôt et, une heure plus tard, nous avons fait mille toises* et descendu deux mille pieds.

J'entends un bruit que je n'entendais plus depuis très longtemps ; il court dans le mur.

– Il n'y a pas de doute, dit mon oncle. Un fleuve coule près de nous.

Hans s'arrête à l'endroit où le bruit est le plus fort, met son oreille contre la pierre et écoute avec attention. Puis, il fait un trou dans le mur et, après une heure de travail, l'eau apparaît enfin avec force. Hans pousse un cri de douleur. Je comprends pourquoi lorsque je touche l'eau : elle est bouillante !

– De l'eau à cent degrés !

– Eh bien, elle refroidira, me répond mon oncle.

Enfin je peux boire et je bois sans m'arrêter. Puis nous dormons.

Le lendemain, nous continuons à marcher. Mon oncle regarde toujours avec attention sa boussole. La direction est toujours sud-est.

Mon oncle pense que nous devons être à trente lieues au sud-est de Reykjavick et à deux lieues et demie sous terre.

Sous nos pieds s'ouvre alors un immense trou, profond et étroit. Nous descendons avec l'aide des cordes, mais nous devons nous arrêter tous les quarts d'heure pour nous reposer et boire un peu.

Le 8, le chemin se fait plus facile. Le 15, nous sommes à cinquante lieues environ du Sneffels.

Toutes les heures, mon oncle marque les indications de la boussole, du thermomètre et des autres instruments. Lorsqu'il me dit que nous sommes à une distance de cinquante lieues, je pousse un cri.

– Qu'est-ce que tu as ? me demande mon oncle.

– Si vos calculs sont exacts, nous ne sommes plus sous l'Islande, mais sous la mer !

– Mais c'est tout à fait naturel !

– Quoi ? Nous voyageons sous l'Atlantique ?

– Parfaitement. Et je pense que nous sommes à seize lieues de profondeur.

– Seize lieues ! Mais c'est la limite donnée par les savants à l'épaisseur de l'écorce terrestre. Et puis, suivant la loi de l'accroissement de la température[1], il devrait y avoir ici une température de quinze cents degrés.

– Tu vois que ce n'est pas le cas et que les faits viennent démentir[2] la théorie. Qu'indique le thermomètre ?

– Vingt-sept degrés.

– Donc, l'accroissement de la température est une erreur.

---

1. Loi de l'accroissement de la température : loi selon laquelle la température augmente ou baisse, suivant l'endroit où l'on se trouve.
2. Démentir : dire que ce n'est pas vrai.

– À l'endroit où nous sommes, le rayon[1] de la Terre est de quinze cent quatre-vingt-trois lieues. Nous avons fait seize lieues en vingt jours. Si nous continuons ainsi, nous allons mettre deux mille jours, ou cinq ans et demi, pour descendre jusqu'au centre de la Terre.

---

1 Rayon : moitié du diamètre.

CHAPITRE VI

*P*ENDANT QUELQUES JOURS, nous continuons à descendre vers le centre de la Terre. Ce sont des descentes dangereuses, et l'adresse et le calme de Hans nous sont très utiles. Il ne se passe rien d'important pendant les deux semaines suivantes. Je ne trouve dans ma mémoire qu'un seul événement grave : le 7 août, alors que nous étions à deux cents lieues de l'Islande, je me suis tout à coup aperçu que j'étais seul. J'ai appelé. Point de réponse. J'étais perdu. Alors j'ai perdu la tête : j'ai crié, j'ai couru, je suis tombé et je me suis évanoui[1]. Lorsque j'ai repris connaissance, j'étais couché sur une couverture et mon oncle me tenait la main.

– Il vit ! Il vit ! disait-il.

– Quelle heure est-il, mon oncle ? Et quel jour sommes-nous ?

C'est aujourd'hui dimanche 9 août et il est onze heures du soir.

Le lendemain, à mon réveil, je regarde

---

1. S'évanouir : perdre connaissance.

autour de moi. Je suis dans une caverne couverte de sable fin. Il n'y a pas de lampe allumée mais cependant il y a de la lumière. Et j'entends le bruit de la mer. Je suis surpris et je me demande si ce que je vois et ce que j'écoute existe bien.

– Bonjour, Axel, dit le professeur en entrant. Je vois que tu vas bien.

– Mais oui, mon oncle.

– C'est normal ; tu as beaucoup dormi et Hans t'a bien soigné.

Tout en parlant, mon oncle prépare le repas. Je mange avec appétit et lui pose beaucoup de questions.

– Mes bras et mes jambes sont intacts ?

– Certainement.

– Et ma tête ?

– Ta tête est parfaitement à sa place.

– J'ai peur d'être fou car je vois la lumière du jour et j'entends le bruit de la mer.

– Ah ! Ce n'est que cela ?

– Sortons, mon oncle !

– Non, Axel ! Le grand air pourrait te faire du mal.

– Le grand air ?

– Oui, le vent est fort. Repose-toi, demain nous partirons en mer.

La mer ? Je suis surpris. Je m'habille rapidement et je sors de la caverne.

Mes yeux ne sont plus habitués à la lumière.

– La mer ! Je suis surpris de la voir.

– Oui, la mer Lidenbrock, dit mon oncle. J'ai découvert cette mer et j'ai donc le droit de lui donner mon nom.

C'est un véritable océan, désert et sauvage.

Mes yeux se promènent sur cette mer.

La lumière est brillante. Au-dessus de ma tête, le ciel semble fait de grands nuages, et me semble très lourd.

À cinq cents pas*, il y a une forêt. Elle est faite d'arbres assez hauts, à la forme bizarre. Nous nous approchons.

– C'est une forêt de champignons, dit mon oncle.

Il ne se trompe pas. Ce sont des champignons blancs, hauts de trente à quarante pieds et il y en a des milliers.

Je suis un peu fatigué et je vais m'asseoir. Je regarde la mer. Puis nous reprenons le chemin et allons dormir dans la caverne.

Le lendemain, je me réveille complètement guéri et je vais prendre un bain dans la mer. Mon oncle m'accompagne.

– Où sommes-nous, mon oncle ?

– Horizontalement, à trois cent cinquante lieues de l'Islande. Je suis sûr que je ne me trompe pas beaucoup.

– Et à quelle profondeur sommes-nous ?

– À trente-cinq lieues de profondeur.

– Qu'allons-nous faire maintenant ?

– Continuer notre voyage, sur la mer cette fois. Hans est en train de faire un solide radeau[1]. Viens, tu vas voir.

---

1. Radeau : bateau plat.

Le lendemain, le radeau est terminé. Il a dix pieds de long sur cinq de large.

Le 13 août, nous nous réveillons de bonne heure et, à six heures, nous partons. Sur le radeau nous emportons les instruments, les armes, de l'eau et des aliments.

Depuis notre départ, mon oncle m'a demandé d'écrire un journal. Voici ce que j'écris.

Vendredi 14 août : Hans pêche un poisson. Le professeur le regarde attentivement.

– Ce poisson appartient à une famille de poissons qui n'existe plus depuis des siècles, dit-il.

En deux heures nous prenons beaucoup de poissons. Et tous les poissons que nous prenons ont cette même caractéristique : ils n'existent plus depuis plusieurs siècles.

Samedi 15 août : La mer, toujours la mer...

Dimanche 16 août : Rien de nouveau. Même temps.

Pour mesurer la profondeur de cette mer, mon oncle fait descendre dans l'eau une barre de fer attachée à une corde. Lorsqu'il la remonte, Hans me fait remarquer des traces sur la barre.

– Tander ! dit-il.

Je ne comprends pas. Alors il ouvre et

ferme la bouche plusieurs fois et me fait comprendre sa pensée.

– Des dents !

Oui, ce sont bien des dents qui marquent la barre de fer. Cet animal doit avoir une force extraordinaire... Je regarde la mer, effrayé. J'ai peur de voir apparaître un monstre...

Mardi 18 août : Hans nous montre du doigt quelque chose de noir qui monte et qui descend.

Et nous voyons apparaître différents poissons d'une taille gigantesque. Ils ont des dimensions surnaturelles et peuvent détruire le radeau en un instant.

Impossible de fuir. Ils s'approchent du radeau. Nous avons très peur et nous ne pouvons pas parler. D'un côté il y a un crocodile, de l'autre un énorme serpent long de trente pieds. Ils sont à cinquante toises du radeau. Ils se précipitent l'un sur l'autre et leur fureur les empêche de nous voir.

Le combat commence. Nous voyons parfaitement les deux animaux. Ce sont deux monstres des océans primitifs[1]. L'œil du crocodile est aussi gros que la tête d'un homme.

1.Océans primitifs : les premiers océans, quand la Terre est apparue.

Sa mâchoire est énorme et, d'après les savants, elle a cent quatre-vingt deux dents.

Le serpent a le corps couvert d'une carapace[1] et son cou se dresse au-dessus de l'eau.

Ces deux animaux se battent avec violence. Vingt fois nous sommes sur le point de tomber à la mer.

Une heure, deux heures se passent. Ils continuent à se battre.

Soudain ils disparaissent. Les minutes passent et nous voyons apparaître la tête du serpent. Il est blessé et se bat contre la mort. Son long cou s'élève au-dessus de l'eau, il se courbe... Enfin son long corps se couche sur la mer. Il est mort.

Mais, et le crocodile ? Est-il retourné au fond de la mer ? Va-t-il apparaître à la surface de l'eau ?

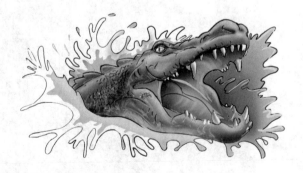

1. Carapace : sorte de peau épaisse et dure qui protège le corps de certains animaux.

CHAPITRE VII

*M*ERCREDI *19 août* : Heureusement, il y a du vent et nous pouvons fuir rapidement. Le voyage continue, monotone.

Jeudi 20 août : Vers midi, nous entendons un bruit mais nous ne voyons rien. Est-ce qu'il vient du ciel ou de la mer ?

Trois heures se passent. Mon oncle regarde attentivement la mer.

– Que voyez-vous, mon oncle ?

– Quelque chose qui s'élève au-dessus de la mer.

Nous nous approchons et la colonne d'eau devient de plus en plus haute. Le bruit devient de plus en plus fort. Le ciel est tranquille, le bruit vient donc de la mer. Est-ce qu'il s'agit encore d'un animal extra-ordinaire ?

À huit heures du soir, nous ne sommes pas à deux lieues de lui. Son corps noir est énorme. Sa longueur me paraît dépasser mille toises ! Il est immobile. Nous courons vers lui.

Hans se lève et montre du doigt le monstre qui nous fait peur.

– Une île ! dit-il.

– Une île ! dit mon oncle en riant.

– Mais, et cette colonne d'eau ?

– Geyser*, fait Hans.

Nous nous approchons et nous visitons la petite île. Mon oncle lui donne mon nom : Axel.

Vendredi 21 août : Le geyser a disparu. Le vent est frais et nous reprenons la mer.

L'air est lourd, les nuages sont bas et ont une couleur verdâtre. Nous allons avoir une tempête.

Le radeau est immobile. Soudain, le vent devient plus fort, la mer n'est plus calme et il pleut avec force.

Dimanche 23 août : La nuit est dure et l'orage ne se calme pas. Il y a tellement de bruit que nous ne pouvons pas parler. Il fait très chaud. Où allons-nous ?

Lundi 24 août : Nous sommes très fatigués. La tempête est toujours très violente. L'eau passe par-dessus nos têtes. Nous nous attachons sur le radeau pour ne pas tomber dans la mer.

Une boule de feu apparaît à côté de nous.
Quelle peur ! La boule se promène lentement,
puis elle éclate. Nous sommes couverts par le
feu... Puis la lumière disparaît.

Mardi 25 août : Je me réveille. L'orage continue. Il y a un bruit nouveau : le bruit de la mer sur les rochers...

Ici se termine ce que j'ai appelé « le journal du radeau », heureusement sauvé de la tempête. Je continue mon récit.

Ce qui s'est passé au choc[1] du radeau contre les rochers de la côte, je ne sais le dire.

La seule chose que je peux dire c'est que le courageux Islandais m'a emmené sur le sable, à côté de mon oncle. Puis il a essayé de sauver ce qui restait du radeau.

Nous étions très fatigués par ces trois nuits et nous avons dormi.

Le lendemain, le temps est magnifique. Le ciel et la mer sont très calmes. Je dis à mon oncle qu'il a l'air très content.

– Oui, mon garçon, je suis content, très content. Nous sommes arrivés.

– Nous avons terminé notre voyage ?

– Non, mais nous sommes au bout de cette mer qui ne finissait jamais. Maintenant, nous allons voyager sur la terre et descendre vraiment au centre de la Terre.

---

1. Choc : rencontre violente.

Je vois Hans au milieu de nombreux objets rangés avec ordre. Cet homme a travaillé pendant que nous dormions et il a sauvé beaucoup de choses.

Il n'a pas tout sauvé : nous n'avons plus les armes, par exemple ; mais nous avons la poudre qu'on utilise dans les armes. Et puis nous avons encore quelques instruments et les caisses de nourriture.

– Maintenant, dit le professeur, nous allons refaire notre provision d'eau avec la pluie qu'il y a entre les rochers.

Je demande à mon oncle où nous sommes en ce moment.

Il prend les instruments que Hans a déposés sur un rocher, il les utilise, fait des calculs, regarde. Il se frotte les yeux, puis regarde de nouveau. Enfin, il se tourne vers moi et me demande de regarder moi aussi.

Pendant la tempête, le vent a sûrement changé de direction et a ramené le radeau en arrière. Nous n'avons pas avancé, tout le contraire.

– Nous partirons demain ! crie mon oncle. Mais avant de partir, je veux connaître cette terre où nous nous trouvons.

– Allons à la découverte, mon oncle !

CHAPITRE VIII

NOUS PARTONS et nous laissons Hans, qui répare le radeau. Nous marchons longtemps. Soudain, nous voyons une plaine d'ossements[1].

Devant nos yeux, nous avons toute l'histoire de la vie animale. Nous nous trouvons devant une collection d'animaux morts depuis des siècles.

Mon oncle prend un crâne[2] nu entre ses mains et crie :

– Axel ! Axel ! Une tête d'homme !

Vingt pas plus loin, il découvre le corps d'un homme...

Cette fois, mon oncle ne dit pas un mot. Et moi aussi je reste muet[3].

À chaque pas, nous trouvons d'autres corps...

Tous ces corps d'animaux et d'hommes, quel spectacle surprenant !

---

1. Ossements : os.
2. Crâne : ensemble des os de la tête.
3. Muet . qui ne peut pas parler.

Pendant une demi-heure nous marchons sur ces ossements. Nous avançons silencieusement, poussés par la curiosité.

Puis nous arrivons dans une forêt immense. Il y a de grands arbres avec des espèces qui n'existent plus aujourd'hui. Seulement ces arbres n'ont pas de couleur...

Je suis mon oncle sous les arbres. Soudain je m'arrête et je touche son bras.

Je vois des formes immenses qui marchent sous les arbres. Ce sont des animaux gigantesques, vivants.

Mon oncle regarde.

– Allons, me dit mon oncle en me prenant par le bras.

– Non, mon oncle. Nous n'avons pas d'armes et nous ne pouvons pas nous battre avec ces animaux.

Nous quittons la forêt en courant et nous revenons vers la mer.

Un objet brille sur le sable et je cours le ramasser. C'est un poignard[1].

– Axel, ce poignard est une arme du seizième siècle, d'origine espagnole.

– Mais cette lame n'est pas venue seule ! Quelqu'un est venu ici avant nous !

– Oui, un homme !

– Et cet homme ?

– Cet homme a sûrement marqué son nom sur un rocher ou sur le sol... Cherchons !

Nous marchons et nous cherchons. Nous arrivons à l'entrée d'un tunnel[2] obscur.

---

1. Poignard . couteau.
2. Tunnel : couloir sous la terre.

Soudain nous voyons les deux lettres du fantastique voyageur :

– A.S. ! dit mon oncle. Arne Saknussemm ! Toujours Arne Saknussemm !

Je regarde ces deux lettres écrites là depuis trois cents ans et je reste surpris et muet. Non seulement je peux voir les lettres mais j'ai à la main le poignard qui a écrit ces lettres... Je ne peux plus avoir de doute sur l'existence du voyageur et la réalité du voyage.

– Avant d'entrer dans le tunnel, allons chercher Hans, me dit mon oncle.

Lorsque nous retrouvons Hans, le radeau est préparé pour le départ. Nous nous installons sur le radeau et nous partons.

Il n'y a pas beaucoup de vent et nous avançons lentement. Enfin, après trois heures de voyage, nous arrivons près de l'endroit où se trouve le tunnel. Nous quittons le radeau.

Nous entrons dans le tunnel. Mais, au bout de six pas, nous ne pouvons plus avancer. Un rocher, placé là, nous empêche de passer. Il faut abandonner.

– Mais alors Saknussemm ?

– Oui, dit mon oncle, Saknussemm a-t-il été arrêté par ce rocher ?

– Non, c'est impossible. Ce rocher se trouve sûrement là par accident. Il faut le faire disparaître, le faire exploser.

L'Islandais retourne au radeau pour chercher de la poudre et nous préparons tout pour faire disparaître le rocher. Nous faisons un trou où nous mettons la poudre et nous préparons une mèche[1] avec un peu de tissu.

Le lendemain, jeudi 27 août, à six heures, nous nous levons. Mon oncle et Hans s'installent sur le radeau. C'est moi qui vais mettre le feu à la poudre. Nous calculons que la mèche va brûler pendant dix minutes ; puis le feu arrivera à la poudre. J'aurai donc le temps d'aller jusque sur le radeau, retrouver mon oncle et Hans.

Tout se passe comme nous avons dit. Je monte sur le radeau puis nous partons.

Que se passe-t-il alors ? Je n'entends pas le bruit du rocher qui explose. Mais tout change de forme, les rochers, la mer... Le radeau bouge dangereusement. Nous tombons sur le radeau. En moins d'une seconde, le jour fait place à la nuit.

Un tremblement de terre vient après l'explosion et la mer, comme un fleuve violent, nous entraîne avec elle dans le tunnel. Je me sens perdu.

Une heure, deux heures, je ne sais pas, se

---

1. Mèche : morceau de tissu fin et long, qui sert à mettre le feu.

passent ainsi. Nous nous tenons les mains pour ne pas tomber du radeau.

Soudain, je suis surpris de voir une lumière près de moi. Le visage de Hans s'éclaire : il a réussi à allumer la lampe.

Les heures passent. Je regarde ce qu'il y a sur le radeau : les instruments ont disparu, il ne reste que la boussole et le chronomètre[1] ; de la nourriture pour un jour... Mais pourquoi avoir peur de la faim quand la mort est proche ?

La lumière de la lampe disparaît. Nous tombons toujours dans le tunnel.

Tout à coup, le radeau arrête de tomber et, en quelques secondes, je respire l'air frais.

– Nous montons, dit mon oncle. La lampe !

Hans allume la lampe.

– C'est ce que je pensais, dit le professeur. L'eau est arrivée au fond du tunnel et maintenant elle remonte et nous remontons avec elle.

Une heure plus tard, nous montons toujours et vite. La chaleur augmente. Qu'est-ce que cela veut dire ?

Peu à peu, à cause de la chaleur, nous nous déshabillons. Je regarde la boussole : elle est comme folle !

---

1. Chronomètre : instrument, plus précis qu'une montre, qui sert à mesurer le temps.

CHAPITRE IX

O UI, la boussole est folle. L'aiguille bouge d'un côté à l'autre et tourne, tourne sans cesse. Nous montons toujours. Nous entendons des explosions. Sous le radeau, l'eau s'agite avec violence. Et sous les eaux, des roches sont rejetées. Nous sommes dans la cheminée d'un volcan. Il n'y a pas de doute. Mais cette fois, au lieu du Sneffels, volcan éteint, nous sommes dans un volcan en pleine activité. Je me demande dans quel volcan nous sommes et sur quelle partie de la Terre nous allons arriver.

Je ne me souviens pas bien de ce qui s'est passé pendant les heures suivantes. Il y avait le bruit des explosions, le radeau qui bougeait dans le feu et la fumée...

J'ouvre les yeux et je sens la main de Hans. Je ne suis pas blessé. Je suis couché sur le sol d'une montagne. Hans m'a sauvé de la mort pendant que je roulais sur les bords du cratère.

– Où sommes-nous ? demande mon oncle qui semble fâché d'être à nouveau sur terre.

Nous sommes tous les trois couchés sur le côté d'une montagne. Au-dessus de nos têtes, à cinq cents pieds, s'ouvre le cratère d'un volcan qui crache encore du feu. Au pied du volcan il y a des arbres verts et des vignes chargées de raisins.

Et plus loin, la mer, un petit village, des montagnes...

Nous descendons du volcan. En bas, je découvre une rivière et nous plongeons nos mains et nos visages dans l'eau fraîche.

Un enfant apparaît. C'est un petit pauvre, très mal habillé. En nous voyant, il a peur. Il est vrai que nous sommes presque nus.

Hans s'approche du petit et mon oncle, pour le tranquilliser, lui dit en allemand :

– Quel est le nom de cette montagne, mon petit ami ?

L'enfant ne répond pas. Mon oncle pose la même question en anglais. L'enfant ne répond pas.

– Est-il donc muet ? demande le professeur. Et il pose la même question en français.

Même silence de l'enfant.

– Essayons de l'italien, dit alors mon oncle. *Dove noi siamo ?*

– Stromboli, répond l'enfant.

Le Stromboli ! Nous sommes dans la Méditerranée et ces montagnes, au loin, ce sont des montagnes italiennes. Nous sommes entrés par un volcan et nous sommes sortis par un autre, situé à plus de douze cents lieues du Sneffels !

Après un délicieux repas composé de fruits et d'eau fraîche, nous allons dans le village de Stromboli. Nous ne disons pas comment nous sommes arrivés dans l'île (les Italiens sont tellement superstitieux !). Nous disons que nous avons perdu notre bateau dans la Méditerranée.

Les gens de Stromboli nous donnent des vêtements et de la nourriture. Après quarante-huit heures d'attente, le 31 août, un petit bateau nous conduit à Messine et nous nous reposons pendant quelques jours dans cette petite ville.

Le vendredi 4 septembre, nous partons pour Marseille et le 9 septembre au soir, nous arrivons à Hambourg.

Marthe est très étonnée de nous voir et Grauben, très heureuse.

– Maintenant que tu es une personne très importante, me dit ma fiancée, nous pouvons nous marier, Axel !

Je la regarde. Elle pleure en souriant.

En conclusion, je dois dire que, à Hambourg, mon oncle est devenu un grand homme, et moi, le neveu d'un grand homme.

Ce *Voyage au centre de la Terre* a été traduit dans toutes les langues, tous les journaux ont parlé de cette aventure.

Cependant, mon oncle n'était pas complètement satisfait. Il y avait quelque chose d'inexplicable pour lui, l'affaire de la boussole.

Un jour, dans son bureau, je regardais attentivement la boussole. Soudain, j'ai poussé un cri.

– Qu'est-ce que tu as ? a demandé mon oncle.

– Cette boussole, son aiguille indique le sud et non le nord !

Mon oncle a regardé la boussole et a poussé un cri.

– L'aiguille marquait donc le sud au lieu du nord. Notre erreur s'explique. Mais quel phénomène a pu produire cela ?

– Sûrement la boule de feu, pendant la tempête sur la mer Lidenbrock.

– Ah ! a dit le professeur en éclatant de rire, c'était donc une farce[1] de l'électricité !

Et à partir de ce jour, mon oncle a été le plus heureux des savants et moi le plus heureux des hommes, car Grauben est devenue ma femme.

---

1. Farce · quelque chose que l'on fait pour s'amuser, pour rire.

Les mesures au XIXᵉ siècle

Lieue : ancienne mesure de distance. Environ 4 kilomètres.

Mille : ancienne mesure de distance. Environ 8 kilomètres. 1 mille = 2 lieues.

Pas : longueur d'un pas.

Pied : ancienne mesure de longueur. Environ 32 centimètres.

Toise : ancienne mesure de distance. Environ 2 mètres. 1 toise = 6 pieds.

Le monde des volcans

Cheminée : dans un volcan, le feu sort par la cheminée.

Cratère : partie supérieure de la cheminée d'un volcan. Les flammes du volcan sortent par le cratère.

Geyser : colonne d'eau chaude qui sort de la terre.

Lave : la lave est formée par les différentes matières qui sortent d'un volcan. Elle devient dure lorsqu'elle est froide et forme des rochers.

Volcan : « Montagne de feu ». Montagne qui émet des matières en fusion. Exemples : l'Etna, le Stromboli…

Chapitre I

1. Qui est Otto Lidenbrock ?
2. Qui sont les personnes qui habitent avec lui ?
3. Qui écrit cette histoire ?

Chapitre II

1. Comment Axel découvre-t-il la signification du texte en latin ?
2. Pourquoi Axel est-il excité quand il découvre la signification du texte ?
3. Pourquoi ne veut-il rien dire à son oncle ?

Chapitre III

1. Pourquoi est-ce que Arne Saknussemm a été obligé de cacher sa découverte sur un manuscrit ?
2. Pourquoi le professeur dit-il qu'il n'y a plus de doute lorsqu'il trouve les caractères runiques près du volcan ?

Chapitre IV

1. Comment le professeur, Axel et le guide descendent-ils dans la cheminée ?

2. Pourquoi le manque d'eau peut-il être un problème important ?

Chapitre V

1. Quels sont les instruments que le professeur utilise le plus souvent ?

Chapitre VI

1. Qu'arrive-t-il à Axel ?

2. Que découvre-t-il à son réveil ?

3. À quels faits extraordinaires assiste-t-il ?

Chapitre VII

1. Que se passe-t-il du 20 au 24 août ?

2. Que vont-ils faire maintenant qu'ils sont arrivés au bout de la mer ?

Chapitre VIII

1. En quoi tout ce que voient Axel et son oncle est étrange ?

2. Pourquoi Axel est-il surpris de trouver un poignard ? À qui appartenait cette arme ?

Chapitre IX

1. Comment se termine l'aventure des trois hommes ?

2. Pourquoi le professeur ne dit-il pas aux Italiens comment ils sont arrivés sur l'île ?

3. En quoi consiste la farce de l'électricité ?

Édition : Martine Ollivier
Maquette : Wok
Couverture : Fernando San Martin
Illustrations : Conrado Giusti
Coordination artistique : Catherine Tasseau

Crédits photographiques
p. 3 : Archives Nathan
Couverture : Daylight Photo/fotolia